Für Dich,
liebe Alma

Ostern 2003

Was flüstert der Wind mit dem Baum

LITERARISCHE REIHE DES VERLAGES JANOS STEKOVICS
HERAUSGEGEBEN VON ROLAND RITTIG

Dieter Mucke

Was flüstert der Wind mit dem Baum

Gedichte für Kleine und Grosse

mit Illustrationen

von

Eva Natus-Šalamoun

und einem Nachwort

von Hubert Witt

edition STEKO

I

DER EINGEBILDETE HUND

DIE ERFINDUNG

Eine flinke Haselmausmutter
Kletterte mit einer Zellophantüte
Voll Studentenfutter
Auf den höchsten Baum.

Dort hatte sie eine schöne Aussicht
Und das Futter konnte ihr niemand klauen.

Sie fraß und guckte, sie guckte und fraß
Während sie so in der Sonne saß.

Ob es vielleicht deshalb passierte
Weil sie den Bauch nicht mehr ausbalancierte
Oder war es der Wind? Man weiß es nicht.
Plötzlich verlor sie das Gleichgewicht.

Doch welch ein Wunder!
Sie segelte mit der leeren Zellophantüte
Wie an einem Fallschirm hinunter.

Die Vögel wichen ihr aus im Flug
Und hielten die Haselmaus nicht für klug.

Aber sie landete weich auf dem Boden
Und verstauchte sich überhaupt nicht die Pfoten.

Da sagte ein Haselmauskind
Du meine Güte, gib mir mal die Tüte
Und machte sich Flügel daraus.

So entstand die Fledermaus.

DER EINGEBILDETE HUND

Ein Hund umschnürt die große, brave
Folgsame Herde guter Schafe.
Nur mal geknurrt oder gebellt
Schon hat sie sich neu aufgestellt.
Noch mal gebellt, darf sie sich rühren
Läst sich leicht lenken oder führen.

Das bringt den Hund auf den Gedanken
Die Macht von ihm sei ohne Schranken.

So will er sie an anderen Tieren
Mal eines Tages ausprobieren.
Springt kläffend los auf eine Herde
Friedlich und still weidender Pferde.
Die haben sich den Krach verbeten
Und ihn derb vors Maul getreten.

DER ELEFANT

Gutmütig ist der Elefant und klug
Und obendrein hat er auch Kraft genug

Daß er, wenn er's für nötig hielte
Mit seinem Rüssel einen Ochs erschlüge.

Dann müßte allerdings der Ochs gemein
Und nicht nur dumm wie alle Ochsen sein.

Denn Bosheit kann er auf den Tod nicht leiden
Und von der Dummheit schlechthin unterscheiden.

Der Löwe im Zoo

Was auch der Löwe immer tut
Ob er herumläuft oder ruht
Ob er laut brüllt oder bloß gähnt
Ob er sich nach der Steppe sehnt –

Er ist in seinem Stolz sehr schön
Und gibt den Bürgern zu verstehn
Die in dem Sonntagsstaat spazieren
Wie wenig sie ihn int'ressieren.

DIE BUNTEN VÖGEL

Je schöner sich der Vogel zeigt
Je mehr ist man ihm wohl geneigt

Und zieht schnell diesen falschen Schluß
Daß alles an ihm schön sein muß.

Doch hört einmal, wie singt der Pfau?
Da seid ihr sprachlos und sagt: Au!

Ein kleiner Kopf, ein großer Schrei
Als ob das gar der letzte sei.

Trifft er auf einen Papagei
Vervielfacht sich die Kreischerei

Daß schon im Nest die Eier sprangen
Wenn diese bunten Vögel sangen.

KAMELE

Das Kamel kann nichts dafür
Denn es ist ein verhältnismäßig hohes Tier
Und hat so einen nach hinten gehaltenen Hals
Und damit so ein dümmlich-erhabenes Gesicht, als
Würde es absichtlich über die Menschen hinwegsehen
Oder bloß die Nasenlöcher über sie blähen
Daß man, wenn man nicht richtig denkt
Glauben könnte, Kamele seien beschränkt.

Doch man darf bei den Tieren und besonders bei diesen
Nicht von den Menschen auf sie schließen.

KLEINE ÜBERRASCHUNG

Die Weide an dem Ufer
Die spiegelt sich im Fluß.
Sie findet sich bezaubernd
Und gibt sich einen Kuß.

Sie fragt das Wasser, ob es
Sie auch so schrecklich mag.
Da guckt ein Frosch, ein frecher
Heraus und sagt nur: Quak.

DAS NILPFERD UND DAS HEUPFERD UND DAS SEEPFERD

Herr Nilpferd und Frau Heupferd
Die gingen aus zum Tanz.
Doch immer trat Herr Nilpferd
Frau Heupferd auf den Schwanz.

Na, sagte der Herr Nilpferd
Frau Heupferd, hab ich recht?
Das ist nicht Ihre Stärke
Sie tanzen aber schlecht.

He, sagte die Frau Heupferd
Wie soll denn da ein Tanz gehn
Wenn Sie mit Ihrem Nilfuß
Auf meinem Pferdeschwanz stehn!

Nun hatte sie Herrn Nilpferd
Aber sehr schlimm gekränkt.
Er ging sogleich ins Wasser
Und hat sich tief versenkt.

Das sah ein kleines Seepferd
Und holte ihn zum Tanz.
Sie schwebten leicht und glücklich
Er trat's nie auf den Schwanz.

DIE LIEBE KATZE

Ein Angler hatte den Haken
In einen Fluß gehängt
Und seine geduldige Katze
Bekam einen Fisch geschenkt.

Sie saßen gar viele Stunden
Doch keiner ließ sich mehr fangen
Da sind sie am Abend beide
Sehr traurig nach Hause gegangen.

Und weil sie an diesem Tage
So wenig Glück nur hatten
Erklärte die liebe Katze:
Jetzt fang ich uns zwei Ratten

VERMUTUNG

Ich glaube, auch den Fischen
Ist eine Sprache eigen
Und wenn sie reden, lassen
Sie viele Blasen steigen.

Doch, ob sie denken, kann man
Daraus noch nicht ersehen
Weil bei dem Denken Blasen
Viel seltener entstehen.

DIE WALDOHREULE

Die Waldohreule auf der Kiefer
Kann stundenlang im Regen hocken.

Der ganze Wald trieft schon vor Nässe
Doch ihre Haut bleibt trotzdem trocken.

Die Waldohreule hat die Federn
Und ihre Ohren so gestellt

Daß jeder Tropfen von ihr rollt
Und weiter in die Tiefe fällt.

Die Waldohreule hört im Halbschlaf
Die Tropfen auf den Boden klatschen.

Sie wird erst munter und mobil
Sobald es aufhört so zu matschen.

BEOBACHTUNG

Milanen merkt man an, daß sie gern segeln.
Vom Wind getragen lassen sie sich treiben
Oder so hoch über die Wiesen schrauben
Daß sie oft stundenlang im Himmel bleiben.

Obwohl sie jede Maus von oben sehen
Stürzen sie nicht auf jede wie besessen
Weil sie tatsächlich lieber lange fliegen
Anstatt den Bauch sich maßlos vollzufressen.

KIKERIKIE

Eine dumme alte Krähe
Nahm sich einmal furchtbar wichtig
Flog zum Uhu und erklärte:
Alle Hähne krähn nicht richtig.

Anstatt tief und eine Silbe
Wie sich das weiß Gott gehört
Krähen sie zu hoch und viele
Daß es mich beim Schlafen stört.

Ja, meinte der Uhu weise
Das ist ein Problem für sich.
Fliege hin und lehr sie krähen!
Dann befördere ich dich.

Und nun sah man sie im Dorfe
Sich zum Lehrmeister aufschwingen
Doch sie konnte auch mit Mühe
Keinen Hahn zum Krächzen bringen.

Alle Hühner mußten lachen
Über das beschränkte Vieh
Und die Hähne sogar kichern:
Kikerikikikikie.

DAS LIED DER KATZE

Die Nacht ist so schwarz
So schwarz wie mein Fell.
Die Nacht ist mein liebster
Mein bester Gesell.

Da träumen die Vögel
Da ist's nicht so schlimm
Da tut's nicht so weh
Wenn ich sie verschling.

Da gehen die Mäuse
So ahnungslos aus
Da kommen die Mäuse
Nicht wieder nach Haus.

Da schweigen die Bäume
Da war ich es nicht
Wenn plötzlich die Stimme
Der Nachtigall bricht.

Die Nacht ist so schwarz
So schwarz wie mein Fell.
Die Nacht ist mein liebster
Mein bester Gesell.

KLATSCHTANTEN

Wie die Hühner auf der Stange
Gackern diese Tanten lange.
Leider legen sie dabei
Auch gemeinsam nicht ein Ei.

Aber dafür sehr viel Mist
Als ob das schon etwas ist.
Husch, ihr Tanten, flattert weg!
Legt woanders euren Dreck.

DER DUNKELMUNKEL

Der Dunkelmunkel, ja, gewiß
Ernährt sich von der Finsternis.

Bei Neumond, wenn nicht Sterne funkeln
Weil Wolken deren Licht verdunkeln
So daß es doppelt finster ist –
Dann lebt er auf und frißt und frißt.

Mann hört ihn schmatzen, knacken, rumpeln
Er frißt sich dick und dumm im Dunkeln
Verschlingt all das, was schwarz aussieht
Und macht da keinen Unterschied.

Sein Großhirn ist recht klein und faul
Das größte an ihm ist das Maul
Und da ihm nie ein Lichtlein schimmert
Sind seine Augen auch verkümmert.

Er frißt sich blindlings durch die Nacht.
Erst wenn der Morgen jäh erwacht
Ein Hahn kräht oder Vogel singt
Ein Mensch aus seinem Bette springt –

Verschlingt der Dunkelmunkel schnell
Sich umgekrempelt auf der Stell.
Ein Zahn nur bleibt als Saatkorn liegen
Und der kann wieder Junge kriegen.

Woraus sich, wenn auch so zerstückelt
Der Dunkelmunkel neu entwickelt.

DIE EINFÄLTIGE GLUCKE

Daß Kücken wachsen mit den Tagen
Nein, das konnt' sie nicht ertragen.

Solang sie klein und niedlich blieben
Ja, da waren sie die Lieben.

Da saß sie mit dem breiten Hintern
Die meiste Zeit auf ihren Kindern.

Sie hatte es am allerliebsten,
Wenn sie nur ganz leise piepsten

So daß sie jedes niederdrückte
Das sich nicht mehr zum Kücken bückte.

Die ließen sich das nicht gefallen
Und sie war sehr enttäuscht von allen

Worauf sie nur noch Eier mochte
Die Ruhe hielten und keiner kochte:

Sie saß mit ihrem kleinen Grips
Froh und zufrieden auf Eiern aus Gips.

Heu und Stroh macht's Rindvieh froh

Man sollte niemals vergessen
Daß Rinder ganz gern Zellulose fressen.

Sie könnten nach dreimaligem Kauen
Die trockensten Bücher glänzend verdauen.

Auch wenn sie zunächst etwas stutzen
Wär das von großem gesellschaftlichen Nutzen.

So ließ sich aus den unmöglichsten Sachen
Noch richtiger Quark und Käse machen.

TIERGEMEINSCHAFT
kleine Zoologie für große Kinder

Das Mondkalb, außer Rand und Band
Zieht mit dem Vollmond übers Land.

Die Eule blinzelt in das Licht.
Der Mond gefällt ihr diesmal nicht.

Die Wölfe heulen in die Nacht:
Wann wird mal jemand umgebracht?

Die Krähe hockt auf hohem Sitz
Und wetzt sich ihren Schnabel spitz.

Die Nachtigall hört auf zu singen
Da kann die Katz nicht nach ihr springen.

Die Katze frißt die Maus mit Maß.
Man sieht, ihr macht das Fressen Spaß.

Die Schlange schlingt den Fraß so hinter.
Vielleicht ist das für sie gesünder.

Das Rind im Schlaf kaut hin und her.
Bei ihm dauert es länger – er.

Die Ameis hat als Kopf 'ne Zange.
So macht sie manchem Tierchen bange.

Die Ratten und die Kakerlaken
Im Finstern tun sie sich benagen.

Der Holzwurm in der Kuckucksuhr
Der sieht sich vor dem Kuckuck vor.

DAS WALROSS IN DER SEEMANNSKNEIPE

Hoch lebe die Hausmacher Leberwurst
Und die Hausmacher Sülze macht ebenso Durst!
Das Walroß mit Glatze und Bierschaum im Bart
Kippt doppelte Korn und kommt gleich in Fahrt.

Ja, wie ich dort unter dem Nordpol schwamm
Da stieß ich mit einem U-Boot zusammen.
Das stellte sich tot, gab heimlich Alarm
Versank voller Angst bis zum Halse im Schlamm.
Raketen rumorten im Innern umher
Als ob eine Kolik im Gange wär.
Sonst verhielt es den Atem wohl eine Stunde
Sein Stielauge starrte nur aus dem Grunde.

Ich stellte mich vor, genau wie im Fernsehn
Und mußte die Herrn vor der Glotze lang angähnen.
Nun merkten die endlich, es war gar kein Krieg
Das war vielleicht ihrem Schlammbeißer lieb.
Der rappelte aus dem Dreck sich heraus
Der kratzte die Kurve, fuhr lustig nach Haus.
Verzog sich, ward kleiner. – Du trächtige Flunder
Das Leben ist doch das größte Wunder.

Hoch lebe die Hausmacher Leberwurst
Und die Hausmacher Sülze macht ebenso Durst!
Das Walroß mit Glatze und Bierschaum im Bart
Kippt doppelte Korn und kommt gleich in Fahrt.

II

UMGRABEN IM HERBST

SKIWANDERUNG

Ein blaues Wintersonnenlicht
Das sich in Eiskristallen bricht.

Schneewehen, die im Waldweg liegen
Die Schatten dehnen und verbiegen.

Ruhe, in der die Skispur schleift.
Bäume, an denen Raureif reift.

Dörfer, die im Tale kriechen
Und nach scharfem Holzrauch riechen.

Wind, der sich den Schneestaub nimmt
Und gegen die Sonne springt.

Schulen, die mit Schindeln klappern
Während sie mit Kindern plappern.

Sonnen, die auf Himmelschienen
Wegrollen wie Apfelsinen.

Dorfkneipen, vor deren Türen
Bretter wie die Hunde frieren.

WALDARBEIT

Es ist sehr kalt
Und das Pferd zieht an einer rostigen Kette
Baumstämme aus dem Wald.

Während es schnaubend durch den Schnee stampft
Fällt ihm aus den Zweigen
Raureif auf den Rücken und verdampft.

Ein Feuerchen hört man knistern und knacken
Wo die Waldarbeiter kleine Äste
Von den Baumstämmen hacken.

Auf das Feuerchen werfen sie Reisig drauf
Und wenn es wild loslodert
Tauen sie die Hände auf.

ERINNERUNG

Kinder, seht das Alpenveilchen im Winter
Wie es am Fenster steht und blüht
Und wie sein Rot im Gegenlicht
Sogar die Kälte der Eisblumen bricht.

Das hat uns manchmal die Wärme gegeben
Die wir im Winter brauchten zum Leben.

SILVESTER

Ein Herr ging abends aus
Den Pudel an der Leine.
Der Herr benutzte zwei
Der Hund seine vier Beine.
Nur manchmal stand der Hund
Ein Weilchen auf drei Beinen.
Da ruhte sich eins aus
Was würdet ihr wohl meinen.
Sonst war der Pudel brav
Der Herr zog ihn schnell weiter.
Die Leine hielt er kurz
Und seine Laune heiter.

Ein Pudel ging nach Haus
Es war aber zum Wiehern –
Der Pudel auf zwei Beinen
Der Herr auf allen vier'n.
Nur manchmal blieb der Herr
An einer Ecke stehn
Um auszuruhn, jedoch
Er mußte weitergehn.
Der Hund hat sich geschämt
Er zog den Herrn fix fort
Ihn an der Leine führend
Zu einem andern Ort.

RODELN

Bahne, Bahne, saure Sahne!
Pulverschnee ist unsre Fahne.
Weg die Bäuche, weg die Zehen
Wenn wir in die Kurven wehen!
Bahne, Bahne, Bahne, Bahn!
He, wir sind kein Äppelkahn!
Spring beiseite, Onkel, lauf
Putz die Brille und paß auf!
Bahne, Bahne, saure Sahne!
Das rast hin in einem Zahne.
Zählt mal, ihr kommt nicht bis zwei
Und da sind wir schon vorbei!
Bahne, Bahne, Bahne, Bahn!
Solln wir euch in' Hintern fahrn?
Tantchen, nimm die Dogge weg
Sonst schlägt sie der Schlitten leck!
Bahne, Bahne, saure Sahne!
Pulverschnee ist unsere Fahne.
Weg die Bäuche, weg die Zehen
Wenn wir in die Kurven wehen!

Im Schneetreiben

Hinter dem Schneegestöber
Als dunkelgraue Wand
Steht groß der Wald, ich nehme
Dich fest bei deiner Hand.

Weil sich an diesem Walde
Der Sturm den Kopf einrennt
Laufen wir hin und hören
Wie er da heult und flennt.

Jetzt blicken wir schon weiter.
Es ist nicht wie verhext.
Wir sind nicht Hans und Gretel
Im Walde ausgesetzt.

Verschneit sind alle Wege
Doch wenigsten zu sehn.
Wir werden unsern finden
Und dann nach Hause gehn.

VORFRÜHLING

Noch grau der Himmel und die Birken schlafen
In blauen Nebeln, die den Wald verwischen –
Wie eine Morgendämmerung, die Tage dauert
In der sich Wirklichkeit und Märchen mischen.

Die Hexen segeln kreuz und quer als Krähen
Woll'n Nebelfetzen fest zusammennähen
In aller Frühe noch, bevor die Sonne
Sie blendet und bevor die Hähne krähen.

MÄRZ

Die blaue Himmelsglucke
Hockt auf dem Erdei drauf.
Sie blickt mit goldenem Auge
Und brütet den Frühling aus.

Schon gut, werdet ihr sagen
Wann ist der zu erblicken?
Die blühenden Apfelbäume
Das sind dann ihre Kücken.

FRECHE VÖGEL

Während einer faden Stunde
Spielte eine Zaubergeige
Und da blühten in dem Schulhof
An dem Apfelbaum die Zweige.

Und die Sonne baute heimlich
In des Apfelbaums Geäst
Für die Vögel aus der Gegend
Ein ganz großes goldnes Nest.

Und die kamen und benahmen
Sich, als wären sie zu Haus
Pfiffen einfach einen Lehrer
Und die triste Stunde aus.

FRÜHLINGSLIED

Schwarz sind die Wipfel
Der Wald ist noch grau –
Von weitem gesehen
Sonst stimmt's nicht genau.

Es grünet zwar spärlich
Doch wirklich schon Gras
Verstreut und vereinzelt
Da blüht auch etwas.

Das Buschwindröschen
Sehr zart und sehr bleich
Es hat noch die Farbe
Vom Schnee und vom Eis.

Der Waldgoldstern, der
Strahlt bereits gelb
Und scheint schon so warm
Wie die Sonne in die Welt.

Da geben die Büsche
Nun auch nicht mehr Ruh.
Der Wald wächst von unten
Nach oben grün zu.

Bald ruft der Pirol
Nichts ist mehr wie tot.
Bald blüht in den Wäldern
Der Lichtnelke Rot.

DIE EISHEILIGEN

Wenn der Winter neidisch sieht
Wie der Kirschbaum prächtig blüht
Sagt er: Noch bestimme ich!
Und wirft gleich mit Schnee um sich.

Doch der Frühling, bitte sehr
Zeigt ihm einen Piep und mehr.
Wenn der Specht auch noch laut lacht
Dann verkrümelt er sich sacht.

DIE BÄUME UND DIE VÖGEL

Die Bäume stehn im Winde
Und tragen ihr Sommerkleid.
Das ist sehr leicht und luftig
Und ein kleines bißchen zu weit.

Da können die Vögel durch fliegen
Ohne anzuecken
Oder sich wie die Eichhörnchen
Bequem darunter verstecken.

Und wenn sie Lust verspüren
Auch Nester darin bauen
Denn zu den Bäumen haben
Die Vögel viel Vertrauen.

BILD

Mal ein kleines Dreieck Schwarz
Auf die große Fläche Grün
In der so wie hingestreut
Viele weiße Punkte blühn.

Ist dir das recht gut geglückt
Siehst du, wie auf einem Rasen
Zwischen lauter Gänseblümchen
Ungestört ein Star frühstückt.

SOMMERREGEN

Die Vögel singen im Regen
Wohl ihre schönsten Lieder.
Die Regentropfen und Töne
Fallen wie Perlen nieder.

Sie rollen zwischen die Gräser
Die Wurzeln saugen sie auf.
Die Blumen strömen die Lieder
Als Blütenduft wieder aus.

SCHWIMMEN

Lerne schwimmen, schwimm dich frei
Denn es ist nicht einerlei
Ob man in dem Wasser jammert
An ein Gummitier geklammert
Ob man nur im Flachen bleibt
Immerfort im Seichten treibt
Anstatt Tiefes zu durchpflügen
Ohne Angst und mit Vergnügen.

WÜNSCHE

Eine Wassermühle, die
Schlimmes Fernweh fast verzehrt
Träumt, daß sie als Raddampfer
Einmal auf der Elbe fährt.

Und ein Raddampfer bei Riesa
Stöhnt über sein Rheuma, ach
Würde sich als Wassermühle
Gern mal sonnen an dem Bach.

SOMMERTAGSTRAUM

Wir steigen
Auf einen Wolkenschimmel
Und baumeln die Beine
In den Himmel.

Der Schimmel
Ist ein fauler Gaul.
Er verzieht das Maul
Und sagt: Ich schwitze.
Ihr seid mir zu schwer
Bei der Hitze.

Wir kitzeln
Den Schimmel mit dem Zeh
Da rennt er
Bis über die große See.

Dort schüttelt er uns
Schnaubend ab.
Das Wasser macht zweimal:
Schwabb.

Die Fische sind stumm
Und tun mit uns dumm.
(Sie sind schon sehr alt
Und das Wasser ist kalt.)

Wir schwimmen an Land.
Da liegen statt Menschen –

Krokodile im Sand.
Vieh neben Vieh!

Wir sammeln Steine
Und werfen auf sie. –
Wir sammeln Steine
Und schmeißen auf sie. –
Und sie lassen die Luft ab
Und sind aus Gummi.

Und wie wir
Wieder ins Wasser waten
Kommen die Menschen
Und gehn mit uns baden.

Da winken wir
Unserem Wolkengaul
Und die Fische lächeln
Mit ihrem Karpfenmaul.

DIE ANNÄHERUNG EINER KUH AN EINEN KLAPPERSTORCH

Du
Sagte zu einem Storch in Mecklenburg
Eine Kuh
Ich bin auch schwarzweiß.

Nu
Sagte der Storch in Mecklenburg
Zu der Kuh
Es ist sehr heiß.

Muh
Sagte zu dem Storch in Mecklenburg
Unverdrossen die Kuh
Ich bin auch schwarzweiß.

Nein, mein Schatz
Sagte der stolze Storch in Mecklenburg
Ich bin weißschwarz.

Du eingebildeter Sterz
Maulte die Kuh in Mecklenburg
Hast du kein Herz?

Doch, doch, es ist bloß
Stotterte der Storch in Mecklenburg
Nicht so groß.

Wie sehr
Seufzte die Kuh in Mecklenburg:
Wenn ich ein Vöglein wär –

Ach ja
Flög ich mit dir nach Afrika.

BADEN

Nackt den heißen Körper kühlen
Schweiß von Leib und Seele spülen
Schwerelos im Wasser schweben
Fischen stumm die Flosse geben.

Auf Unendlich stelln die Augen
Sich voll blaue Ruhe saugen
Mit den Wolken ein Stück treiben
Neu gebor'n dem See entsteigen.

WAS IST SCHÖN?

Das Knattern des Segels im Wind
Das Steigen der Möwen in Böen
Das Branden und Rauschen des Meeres
Die weißen Wolken sind schön.
Die Anmut der Mädchen und Frauen
Das Wogen der Wiesen im Wind
Die Würde und Ruhe der Bäume
Das selbstvergessene Kind
Die Wellenlinien im Sande
Die Stille und Trauer der Seen
Die Farben von nassen Steinen
Das Pferd auf der Weide ist schön.
Die Kühle der Sommernächte
Vom Waldboden her der Geruch
Der bittre Geschmack von Gräsern
Der Vollmond überm Steinbruch
Die Blumen, die sich versprühen
Wie Wunderkerzen, die stehn
Brennend im Schatten der Wälder.
Der Duft von Harz, der ist schön.

DAS WEISSE KIRCHLEIN

Dreihundert Jahre stand es still
Und kannte gar kein Aufbegehren.
Da fragte es im Traum die Tauben
Könnt ihr mich nicht das Fliegen lehren.

Die Tauben sagten, nichts ist leichter
Mußt deine Flügel nur bewegen
Am Anfang etwas stärker flattern
So wirst du dich vom Boden heben.

Die Kirche wollte das nicht glauben
So daß sie weiter herumgluckte
Bis sie aus Neugier es probierte
Als gerade einmal keiner guckte.

Die Kirchturmspitze ward zum Schnabel
Das Dach ein flatternd Flügelpaar
Die Turmuhr machte große Augen
Die selbst erblickten, was geschah.

Zum Schwanenhals gestreckt der Turm
So flog das weiße Kirchlein weg.
Bei Sonnenaufgang aber steht es
Wieder genau am alten Fleck.

EINE GROSSE REISE

Mit dem Nachtzug
Trabt der Große Bär
Von Kiew bis Odessa
Immer neben uns her.

Er läßt uns ein paar Tage
Baden im Schwarzen Meer
Und trottet um die Erde
Das ist für ihn nicht schwer.

Durch Kanada und Sibirien
Für ihn ein kleines Stück
Streift er, auf seinem Rücken
Trägt er uns dann zurück.

DIE STRAFE

Ich lag auf der Wiese und sah in die Luft
Die Schwalben schossen im Himmel herum
Ein Bussard kreiste, es segelten Möwen
Wie Fische in einem Aquarium.
Das war riesengroß, das Wasser tiefblau
Und für die Fische des Himmels das Meer.
Und wie ich so träumte, und wie ich so sann
Da kam etwas schwebend und schwingend daher.

Das war weder Vogel, das war weder Fisch.
Ich staunte, es kam mir nicht unbekannt vor.
Ich dachte und schaute, ich schaute und dachte
Was ist das, verdammt, was ist das denn nur.
Ich glaub nicht an Geister, es näherte sich
Doch als ich's erkannte, durchfuhr mich ein Schreck.
Es war ein aufgeklappt fliegendes Buch
Gleich schwang es sich wieder eilig hinweg.

Entsetzt sprang ich auf und sah lang hinterher
Dann ging ich nach Hause, verstört und betroffen.
Es stand, genauso, wie ich es schon ahnte
Von meinem Zimmer das Fenster weit offen
Und klaffte, jawohl, im Regal eine Lücke.
Dort fehlte das Buch, das man mir geschenkt.
Ich hatte es leider noch gar nicht gelesen.
Das hab ich nun davon. Er war wohl gekränkt.

VORM REGEN

Der Wind läßt die Getreidefelder wogen.
Die Schmetterlinge torkeln seekrank über sie
Und woll'n den Wald, die Küste, noch erreichen.
Sie wissen bei dem Wetter bloß nicht wie.

Sturmböen machen nicht viel Federlesens.
So wie sie über die Getreidefelder fegen
Kehr'n sie die Schmetterlinge und die Vögel
Rasch bis zum Waldrand, und dann rauscht der Regen.

HEIMWEH

In meinem leeren Koffer
Sitzt tatsächlich ein Floh
Der ist mir zugelaufen
Im Lande irgendwo.

Nun weint er große Tränen
Und fühlt sich so allein
Er will auf schnellstem Wege
Am liebsten wieder heim

So daß ich für den Floh
Wie eine Mutter sorg
Und ihn per Eilpost schicke
Zurück nach Mecklenborg.

FUSSWANDERUNG
BEI WECHSELHAFTEM WETTER

Ich rede in den Gegenwind
Der wird davon sehr böse
Der springt mich an und bläst sich auf
Zu seiner ganzen Größe.

Der bellt mir Böen ins Gesicht
Als wollte er mich fressen.
Ich beuge mich bloß etwas vor
Geh meines Wegs gemessen.

Da kuscht er sich und kriecht davon
Ich hör ihn nur noch winseln.
Der Herbst verkleckst die Farben nicht
Und kann in Ruhe pinseln.

UMGRABEN IM HERBST

Der Spatenstich fährt in die Gartenerde.
Er wendet um, was bisher oben war.
Kopfüber stürzt das Unkraut in die Tiefe
Wo es zu Mist verfault fürs nächste Jahr.

Die Umwälzung verwirrt die vielen Würmer.
Ein Vogel kommt bald, der sie alle frißt
Wenn sie sich noch sehr lange überlegen
Was nunmehr oben und was unten ist.

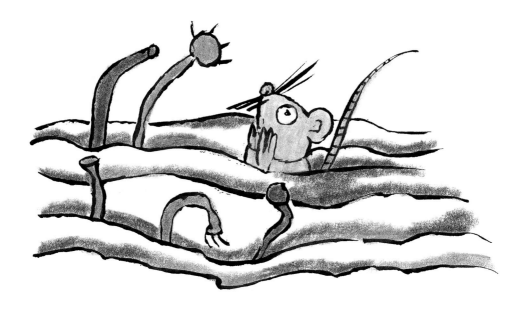

VOGELSCHEUCHEN

Die Vogelscheuchen tun mir leid
Stehn Tag und Nacht nur so herum

Verbringen sinnlos ihre Zeit
Verwittern schnell und werden krumm.

Ganz ausgeblichen, ausgefranst
Im Lumpenwind nach Klapperblech

Ist bald ihr letzter Tanz getanzt.
Die Vögel sind noch immer frech.

HERBSTSONNTAG

Heut war ich ein großes Kind.
Wir stellten uns früh auf die Beine.
Unser Drachen sprang rot in den Wind
Er riß wie ein Hund an der Leine.

Er fauchte die bellenden Böen an
Und bleckte vor Freude die Zähne.
Die Sonne war wie ein frommes Lamm
Er zauste dem Windhund die Mähne.

Die gelben Birken sahen zu.
Sie wollten ins Blaue fliegen.
Es ließ den Birken keine Ruh
Daß sie keine Flügel kriegen.

Wie hoch der blaue Himmel ist?
Meine Kinder wollten's wissen.
Doch unsre Leine langte nicht
Werd sie verlängern müssen.

STÜRMISCHER MORGEN

Ein Hahnenschrei zerfetzt die Nacht.
Ein Feuerpfeil fliegt übers Land.
Dort, wo die Sonne arglos schläft
Setzt er ihr Himmelbett in Brand.

Von Horizont zu Horizont
Krähen die Hähne kreuz und quer.
Da muß die Sonne sich erheben
Aus ihren Federn, fällt's auch schwer.

III

WIE MAN EINEN BERG ÜBERLISTET

DER CLOWN

Der Clown zieht
Vor einer Schönen seinen Hut
Die den Clown aber nicht einmal
Anzusehen geruht.

Der Clown
Der sich um sie weiter bemüht
Spielt ihr auf der Geige
Sein bestes Lied.

Der Clown läuft ihr hinterher
Bis die Musik abbricht
Weil er über seine großen Schuhe
Gestolpert ist.

Der Clown weint
Und die Schöne lacht Tränen
Ohne sich auch nur
Ein bißchen zu schämen.

Der Clown wischt sich die Nase
An ihrem Rock
Und holt sich aus dem Orchester
Einen Trommelstock.

Der Clown
Beweist dem entsetzten Mädel
Daß es sehr hohl klingt
In ihrem Schädel.

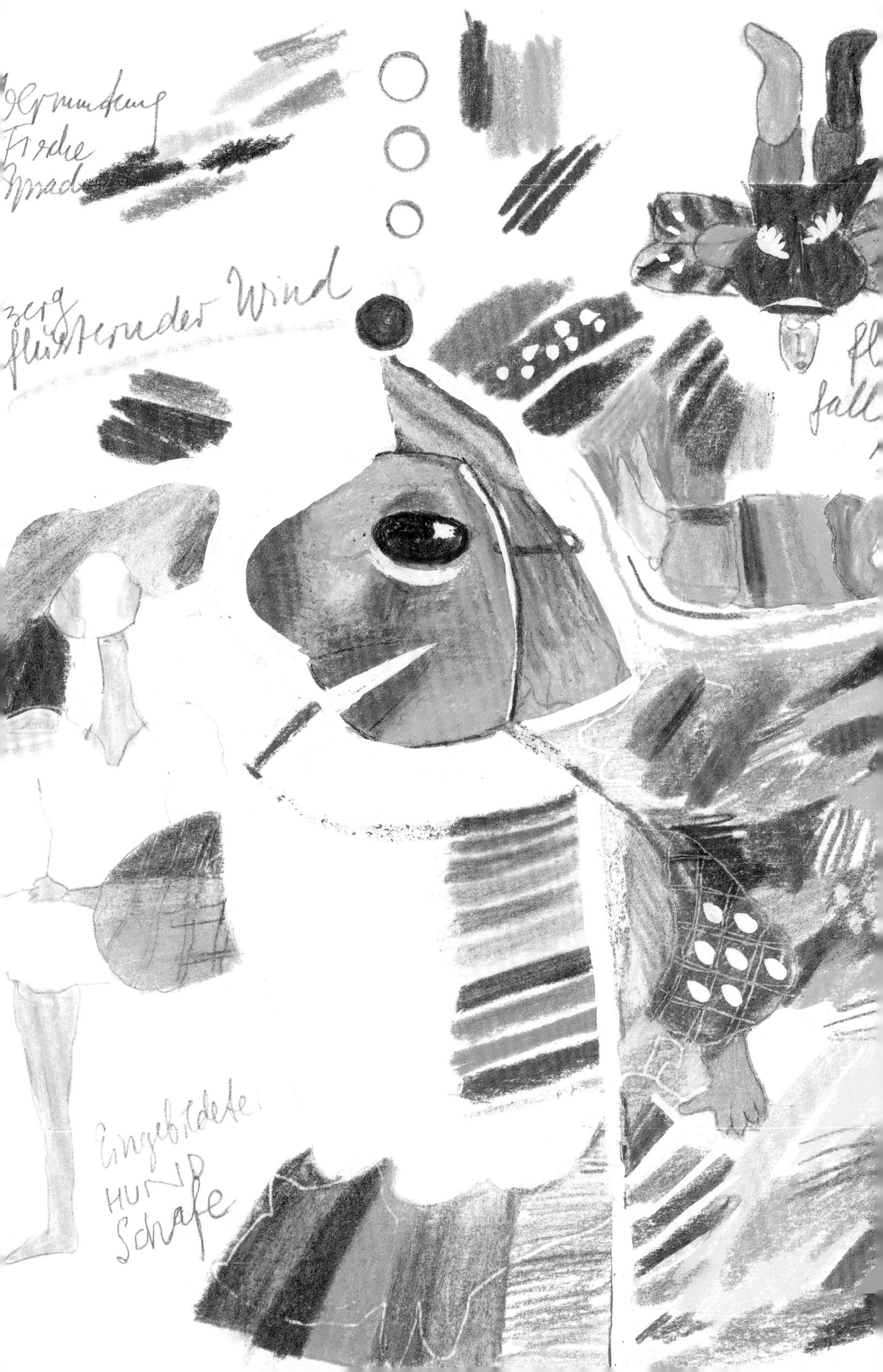
flüsternder Wind
Eingebildete
HUN
Schafe

UNERHÖRTE BEGEBENHEIT

Ein Maler malte Menschen
Die ohne Flugzeug flogen
Und so wie wilde Schwäne
Über den Himmel zogen.

Da sagte man dem Maler
Er sei wohl nicht gescheit
Denn ohne Flugzeug fliege
Kein Mensch in Wirklichkeit.

Der Maler nahm sein Bild
Und sagte nicht ein Wort
Hielt es wie einen Drachen
Und flog im Herbstwind fort.

CHAPLIN

Chaplin hat eine weiße Taube
Unter seinem schwarzen Hut
Und reizt einen dummen Polizisten
Bis aufs Blut
Indem er genauso aufgeblasen
Hin und her marschiert
Als ob ihm allein
Die breite Straße gehört
Bis der Polizist brüllt:
Du hast wohl einen Vogel!
Ich nehme dich fest!
Worauf Chaplin den Hut zieht
Und die Taube fliegen läßt.

Der Polizist
Guckt der Taube blöd hinterher
Anschließend
Findet er Chaplin nicht mehr.

DIE TREFFENDE ANTWORT

Spricht jemand von oben herab zu dir
Mit lauter Worten wie aus Papier
Kannst du getrost und unbesehen
Dir kleine Kugeln daraus drehen.

Schnips sie zurück und sage: Hier
Sammle doch selber dein Altpapier!

WIE MAN EINEN BERG ÜBERLISTET

Ein hoher Berg gibt protzend an
Daß niemand ihn besteigen kann
Denn dazu müßte man schon fliegen.
Ich laß den Berg zunächst links liegen
Und gehe etwas schräg empor
Als hätt ich nichts Besondres vor.
Dann wend ich meinen Kurs so sehr
Als ginge ich zurück nunmehr
Während ich weiter sachte steige
Den Berg jetzt auf der rechten Seite.
Der denkt, daß ich ganz harmlos bin.
Ich pfeif ein Liedlein vor mich hin
Und gehe kreuz und quer spazieren
Bis wir uns aus dem Blick verlieren.
Doch plötzlich guckt der Berg recht dumm.
Ich steig ihm auf dem Kopf herum.

BEIM FRISEURMEISTER

Die Haarschneidemaschine
Schnattert in meine Ohren:
Mit solchen langen Haaren
Wär ich glattweg verloren.

Der Meister mit 'ner Glatze
Und einem Mondgesicht
Meint, ja, so unrecht habe
Wohl die Maschine nicht.

Friß mir nicht alle Haare
Vom Kopf, du kahle Laus
Denk ich und sage: Meister
Nun knipsen Sie mal aus.

BITTE

Lieber Lehrer, brüll nicht so
Davon wirst du heiser.
Du machst bloß die Pferde scheu
Dreh ein bißchen leiser.

Daß ein Lehrer Nerven hat
Wolln wir gerne glauben.
Daß auch Schüler welche haben
Wirst du wohl erlauben.

PHRASENFRITZEN

Wortmüll kann die Umwelt auch
So wie jeder Müll verschmutzen
Und aus Abfall eine Sprache
Ist zu nichts mehr zu benutzen
Jedenfalls zu nichts Gescheitem.
Ihre Hohlheit haßt Gedanken
Und empfindet sie als Gift
Fürchtet daran zu erkranken –

Nicht zu Unrecht; denn ein scharfes
Denken ist für Phrasen tödlich
Macht den Wortmüll und die falsche
Sprache in der Tat unmöglich
Läßt sich nicht von ihr verschütten
Gleitet unerhört und frech
Wie der Glutpunkt des Schneidbrenners
Einem Büchsenberg durchs Blech.

Und zwar nicht aus Langeweile
Sondern aus Notwendigkeit
Wissend, daß die hohlen Worte
Schurken dienen jederzeit
Die erhöht und aufgeblasen
Bloß auf ihrem Blechthron sitzen
Weil so untertänigst flinke
Phrasenfritzen um sie flitzen.

BEGEGNUNG

Ein Clown kommt auf den Händen
Und einer auf den Füßen.
Da bleiben sie verlegen stehn
Und wollen sich begrüßen.

Der eine reicht die rechte Hand
Der andre reicht den rechten Fuß.
So wünschen sie sich »guten Tag«
So wechseln sie den Gruß.

Dann gehn sie auseinander
Und schütteln ihren Kopf.
Und jeder denkt vom andern:
Welch wunderlicher Tropf.

PANTOMIME

Das ist ein Mann oder eine Frau
Dies weiß man meistens gar nicht genau
Die, ohne auch nur ein Wörtchen zu sagen
Lustige oder traurige Geschichten vortragen.

Das ist große Kunst und kein blauer Dunst
Wie bei denen, die mit den verschiedensten Sorten
Von ungeheuer aufwendigen Worten
So wenig zu sagen haben
Als ob ein undichter Luftballon fiept
Oder im Fernsehn der Sendeschluß piept.
(Hörst du da zu, oder guckst du da hin
Ob nun mit oder ohne Ton, ehrlich –
Es ergibt keinen Sinn.)

Deshalb
Ist die Kunst unentbehrlich.

DIE NATURKATASTROPHE
DER KRIECHER

In einem großen Hintern
Wollen sie überwintern
So groß wie diese Zahl
Der Kriecher allemal.

Ihr Aufstieg ist sehr steil
Im hohen Hinterteil
Genauso wie ihr Sturz
Der kommt auf Knall und Fall
So sicher wie ein Furz.

ABEND

Auf der Liege liegt die Mama
Wenn sie ihre Zeitung liest
Oder von dem Plattenspieler
Stereo-Musik genießt.

Und der Papa kommt sehr leise
In die Stube und sagt: Hier
Bringe ich dir gut gekühlt
Deine Flasche Pilsner Bier.

Worauf er genauso leise
Wieder an den Abwasch geht.
In der Puppenstube spiele
Ich es einmal so verdreht.

FERNSEHUNTERHALTUNG

Soll die Fernsehunterhaltung
Statt ermüden mal erfrischen
Mußt du dir so eine Sendung
Auf dem Bildschirm selber mischen
Indem du der matten Scheibe
Die just ihren Geist ausgießt
Mit dem Bildwerfer genau
Mitten in die Röhre schießt.

Und dann siehst du, wie die Nymphen
Niedlich aus dem Grünen gucken
Wo die Enten auf dem Teiche
Gerade ihre Grütze schlucken –
Oder wie ein Ansager
Dem es nicht an Charme gebricht
Mit dem Taschentuch im Täschchen
Aus dem Schlund des Nilpferds spricht.

Oder wie einem Artisten
Der noch einen Sprung abwägt
Ein Schimpanse väterlich
Auf den breiten Rücken schlägt –
Oder wie dem hübschen Mädchen
Das nicht singen kann und brummt
In dem aufgesperrten Munde
Eine große Hummel summt.

Oder wie der Marabu
Eine Glatze gut behütet

Und sich auf ihr niederläßt
Als ob er ein Ei ausbrütet –
Oder wie die vielen Künstler
Auf den Beifall sehr versessen
Mit den Seehunden zusammen
Zugeworfne Fische fressen.

Und so könnt ich beispielsweise
Jetzt noch hundert Verse schreiben
Doch damit ist schon bewiesen:
Fernsehn muß nicht witzlos bleiben.

GUTE ZÄHNE

Will ein böser Hund dich beißen
Mußt du nicht vor ihm ausreißen
Sondern ihm die Zähne zeigen
Und dann wird er ängstlich schweigen.

Wenn jedoch in deinen Zähnen
Ungeheure Löcher gähnen
Kannst du ihn nicht überzeugen
Ist die Bestie nicht zu beugen.

Macht er aber große Augen
Weißt du, daß sie etwas taugen.
Er wird seinen Schwanz einziehen
Und vor deinem Bisse fliehen.

Denn am besten sind gesunde
Zähne gegen böse Hunde.

ATMOSPHÄRE

Atme tief und atme durch
Bist ein Mensch und bist kein Lurch
Brauchst zum Leben frische Luft
Nicht verbrauchte, ausgepufft:

Aus dem Rohre vom Motore
Aus der Fresse einer Esse
Aus der Blase einer Nase
Aus der Beule einer Fäule.

Nur ein Atmen ohne Gas –
Maske macht dem Menschen Spaß.

DAS WETTER ÄNDERN

Dicht bei dicht und fett im Sande
Badegäste an dem Strande
Wie Sardinen in der Büchse
Bei der größten Sommerhitze
Oder faul wie lahme Robben
Und durch nichts mehr zu verlocken
Speckig in der Sonne blitzend
Schlafend, schnaufend, dösend, schwitzend.

Jetzt einfach das Wetter ändern
Diesen braven Zeitverschwendern
Hingehn und den Sturmball ziehn
Daß die Massen sich hinknien
Umschaun, auf die Füße springen
Weil der Wind beginnt zu singen
Weil der Wind beginnt zu pfeifen
Sonnenhüte wegzureißen
Badekappen, Pappkartons
Wasserbälle wie Ballons
Zeitungen, die tot daliegen
Und auf einmal Flügel kriegen.
Plätscherwellen, durchgebogen
Werden plötzlich starke Wogen
Die nun donnernd ihren tollen
Schaumkamm auf die Sandbank rollen.

Alle, die gut schwimmen können
Sieht man gleich ins Wasser rennen
Frei und nicht mehr eingeklemmt

Von der Brandung ausgestemmt
Hört sie, so vom Meer erhoben
Lachend dieses Leben loben
Das zuvor die Müden, Matten
Fast schon aufgegeben hatten.

GROSSE ÜBERRASCHUNG

Dem Dreifuß passen alle Schuhe
Ob sie nun klein sind oder groß
Und trotzdem kann er meist nicht laufen.
Er sitzt dem Schuster auf dem Schoß.

Der Schuster muß auch einen Dreifuß
Mit reichlich langen Beinen haben
Denn es sind außer Halbschuhen
Auch Stiefel zu beschlagen.

Und einmal war ein großer Stiefel
Vom Schuster gerade repariert
Da ist der Dreifuß mit dem Stiefel
Im Stechschritt durch die Stadt marschiert.

ALPTRAUM

Ich träumte von dem Manne
Mit einem bösen Blick.
Der Vogel, dem er nachsah
Der brach sich das Genick.

Er ging über die Felder
In einem grauen Rock
Und zeigte auch auf Menschen
Mit seinem Zauberstock.

Die fielen um und waren
Gleich auf der Stelle tot.
Er stieg gelassen drüber
Kaute ein Butterbrot.

Wir flohen, doch er holte
Uns alle spielend ein.
Ich bückte mich und warf
Auf ihn den ersten Stein.

SCHLAMPAMPEL

Schlampampel der Große
In der langen Hose
Mit hängendem Hintern
Hilft er allen Kindern.
Er schlägt ihre Feinde
Der ganzen Gemeinde
Es brauchen die Kleinen
Fast nicht mehr zu weinen.

Der giftigste Kläffer
Bekam von ihm Pfeffer
Der böseste Ganter –
Weg vor ihm rannt' er.
Schlampampel der Große
Klaut frech eine Rose
Und muß nur laut lachen
Faucht dabei ein Drachen.

Er schenkt diese Blume
Dornröschen zum Ruhme
Der Tochter vom Drachen
Er macht solche Sachen.
Schlampampel der Große
Zeigt sich in der Pose
Des Ritters, des Riesen
Streift lässig durch Wiesen.

Er kämpft sehr verwegen
Vom Fußvolk umgeben

Fürs Gute, fürs Rechte
Und gegen das Schlechte
Vollbringt tapfre Taten
Und schmeißt als Granaten
Faustgroße Tomaten
In den faulen Laden.

Da habt ihr die Soße!
Schlampampel der Große
Der macht keine Faxen
Der wird jetzt erwachsen
Der hat was zu sagen
Will nichts mehr vertagen
Wird lieben, wird hassen
Daß manche erblassen.

Da hilft kein Gehampel
Hoch lebe Schlampampel!
Schlampampel der Große
In der langen Hose.

FREUNDSCHAFT

Geht Simone in die Schule
Holt sie vorher noch den Jan ab.
Ist der Jan dann endlich fertig
Setzen beide sich in Trab.

Manchmal, aber das ist selten
Kommt der Jan auch sie abholen.
Und dann bummeln sie zur Schule
Können ihre Nerven schonen.

Einmal, als die Häuserblöcke
In dem dicksten Nebel schwammen
Stieß der Jan mit der Simone
An der Hausecke zusammen.

Ja, so haben sich die beiden
Auch im Nebel nicht verloren.
Und sie wußten jetzt, warum
Alle Autos langsam fuhren.

DIE ZAUBERGEIGE
nach einem Märchen von Janosch

Josa spielt auf seiner Geige
Und das Vieh, das hingekniet
In der Landschaft döst, das richtet
Sich gleich auf und lauscht dem Lied.

Auch die umgeknickte Blume
Hebt den Kopf und wächst und blüht
Bis der Josa sie erblickt
Den sie Geige spielen sieht.

Und die Menschen alle, die
Eben tief gebeugt noch gingen
Werden groß und gerade, weil
Sie des Josa Lied mitsingen.

Doch der böse König, der
Will besonders hoch hinaus.
Josa spielt für den das Lied
Rückwärts, und der schrumpft zur Laus.

WAS FLÜSTERT DER WIND MIT DEM BAUM

Was flüstert der Wind mit dem Baum?
Was flüstert der Baum mit dem Wind?
Nun ja, das ist eben nicht
Für falsche Ohren bestimmt.

Die stecken heimlich zusammen.
Die hecken doch etwas aus.
Die dümmlichen Lauscher fürchten
Da käme nichts Gutes 'bei raus.

Was flüstert der Baum mit dem Wind?
Was flüstert der Wind mit dem Baum?
Das möchten sie gerne wissen.
Da würden die aber staunen.

Ich kann es gut verstehen
So daß ich es auch weiß.
Ich könnt es ihnen sagen
Doch aller Anfang ist leis.

Was flüstert der Wind mit dem Baum?
Was flüstert der Baum mit dem Wind?
Sie werden es schon erfahren
Und zwar überraschend geschwind.

(Sie sollen sich untern Baum stelln
Und spitzen das Eselsohr.
Dann läßt der Wind sich gehen
Und bricht als Sturm hervor.)

Was flüstert der Wind mit dem Baum?
Was flüstert der Baum mit dem Wind?
Das werden sie denen flüstern
Weil die so neugierig sind:

Nun hört nur, wie der Baum
Laut mit dem Sturmwind lacht
Und sie mit Knüppeln schlägt
Daß es sehr hölzern kracht.

BÄNKELLIED

Tickt der Holzwurm in dem Holzkopf
Weiß ein Holzkopf selbst Bescheid:
Nichts währt ewig, Holz ist endlich
Kurzum, es vergeht die Zeit.

Hat das Heupferd beim Hochspringen
Sich ein Beinchen schlimm verknickst
Und versucht nun nachzudenken
Taugt der Kopf zum Denken nix.

Ist die Schnecke bei dem Schleimen
Auf sehr trocknen Sand geraten
Bleibt sie stecken auf der Stelle
Und verliert plötzlich den Faden.

Kann's Chamäleon sich mal eine
Umweltfarbe nicht mehr mischen
Sieht es grau und häßlich aus
Und ist gänzlich aufgeschmissen.

WIE ES ZUM SCHLUSS DOCH NOCH SCHÖN WURDE IM TIERGARTEN

Ist der Tiere Laune schlecht
Werden sie oft ungerecht
Gehn mit dir in das Gericht
Als ob du ein Böser bist.

Etwas ärgert sie im Zoo
Aber was und wie und wo
Danach fragen sie nicht viel
Handeln ohne Taktgefühl:

Das Lama spuckt in dein Gesicht
So hat es dir eins ausgewischt.
Das Zebra läßt laut einen fahren
Schnappt mit dem Maul nach deinen Haaren.
Der Rabe hackt dir in den Finger
Ein Stinktier stinkt aus seinem Zwinger.
Das Eichhörnchen kratzt dich im Wahn
Ein Wiederkäuer schleimt dich an.
Vom Pech verfolgt auf Schritt und Tritt
Kackt dir ein Sittich ins Genick.
Und nichts als ihren roten Hintern
Zeigen die Affen allen Kindern.

Gehört sich das, gehört sich das
Frag ich mich ohne Unterlaß.
Die Tiere sollten sich was schämen
Für ihr unmögliches Benehmen.

Haben die Kinder nichts zu lachen
Will ich für sie den Affen machen.
Paßt auf, gleich ändert sich das Drama:
Ich springe los und laus das Lama

Spiel mit dem Eichhörnchen Fang-Hasche
Klau einer Dame die Handtasche
Und kipp zwei Flaschen voll Parfüm
Dem größten Stinktier aufs Kostüm.
Das Zebra wird von mir umkreist
Mit Lippenstiften längs gestreift.
Den Raben schnappe ich beim Schnabel
Lackiere ihm den Zehennagel
Putz einer Wiederkäuerkuh
Das Maul und sag ihr: hübsch bist du
Und schließlich halte ich den Affen
Den Spiegel vor, daß sie dumm gaffen.
Den Sittich stecke ich ins Täschchen
Schenk ihn der Dame für die Fläschchen.

Jetzt können wir nach Hause gehn
Nicht wahr, nun war es doch noch schön.

NACHWORT

1

Manche Leute halten heute Gedichte für überflüssig. Das sind nicht die klügsten und nicht die findigsten: Sie merken nicht, daß ihnen etwas Wichtiges fehlt. Denn Gedichte stärken das geistige Immunsystem und fördern die Kreativität. Sie können ihren Leser, und sei es für Augenblicke, selber zum Dichter machen.

Der Dichter Dieter Mucke hält Kunst für unentbehrlich, und spricht dies aus. Wortwörtlich in seinem Gedicht **Pantomime**. Und auf indirekte Weise in fast allen seinen Texten. Es geht ihm um Kunst, die sich gegen den »*blauen Dunst*« behauptet. Und gegen verschiedenste »*Sorten / Von ungeheuer aufwendigen Worten*«, die so wenig zu sagen wissen. Gedichte sind ihm: dichte Sprache, das pure Gegenteil von dünnem Geschwätz.

Gedichte sind nicht geschwätzig, aber beredt und ständig bereit, sich auf Zwiegespräche einzulassen. Oft bestehen sie nicht darauf, das letzte Wort zu haben, sondern das vorletzte: der Leser soll seine Meinung hinzutun können.

Manchmal schlagen sie Purzelbäume, bringen die Welt zum Tanzen, kehren das Unterste zuoberst.

Einige Gedichte sind mit Träumen verwandt und leisten wichtige Arbeit, wie es unsere Träume allnächtlich tun.

2

Dieter Mucke legt hier eine Auswahl jener Gedichte vor, die er für Kinder geschrieben hat. Der alte Streit, ob Kinder-Verse für kleine oder eher für große Kinder geschrieben seien, wird bei ihm oft gegenstandslos. Denn viele seiner Kinder-Gedichte sprechen die Kleinen wie die Großen gleichermaßen an. Und sie haben die Fähigkeit, sich dem

Verständnis ihrer kleinen Leser nach und nach zu erschließen. Manche Autoren schreiben Gedichte, die auf ein bestimmtes Alter zugeschnitten sind. Schon nach zwei Jahren sind sie zu klein. Dieter Muckes Gedichte sind solche, die mitwachsen.

Gleich das erste Gedicht in der Sammlung handelt vom Erfinden, und zugleich vom Fliegen, einem seiner Lieblingsthemen. Auch dem Schwimmen weiß Dieter Mucke viel Genuß und Sinn abzugewinnen, ganz einig mit der Natur, sich wieder und wieder frei schwimmend; und poetisch gesprochen, fast immer gegen den Strom.

Die Gedichte erzählen von Freundschaft, die auch mal einen kräftigen Stoß verträgt. Von Partnerschaften über Abgründe hinweg – so zwischen Nilpferd, Heupferd und Seepferd, oder zwischen Kuh und Klapperstorch. Zwischen dem Baum und den Vögeln, oder zwischen dem Baum und dem Wind.

3

Eines seiner Lieblingstiere ist der Elefant. Gutmütig, klug, kraftvoll und – sorgsam in der Wahl seiner Feinde. Es sind nicht so sehr die Dummen, sondern vor allem die Boshaften, die er angreift.

Auch sonst nimmt er oft Tiere zu Hilfe, um das Seine zu sagen. Zum Beispiel, daß man sich seiner Haut wehren und seine Überzeugungen verteidigen sollte. Diese Erfahrung hat Dieter Mucke oft genug selber machen müssen. Manch einer zerbricht an Schwierigkeiten oder gibt sich bald geschlagen. Dieter Mucke ist daran stärker geworden.

In einem Gedicht empfiehlt er: zur Abwehr eines bissigen Hundes sollte man ganz einfach mal selber die Zähne zeigen. Diesen Rat darf man wohl nicht allzu wörtlich nehmen; denn bei der Begegnung mit einem Kampfhund wäre das sicher kein gutes Rezept. Aber der Hund in diesem Gedicht war ihm ja nur ein verkleideter Mensch.

Manche Tiere werden zur Kritik an Menschen benutzt. Aber Mucke weiß, daß man ihnen leicht unrecht tun kann, wenn man sie mit Leuten vergleicht. Zum Beispiel ist es oft eine große Ungerechtigkeit, ein gut-mütiges, unschuldiges Schwein mit einem besonders schlimmen Manne zu vergleichen. Manch Esel ist sicher klüger und origineller als mancher Mensch, der mit seinem Namen gescholten wird. Über Kamele dichtet Dieter Mucke: »*Doch man darf bei den Tieren und besonders bei diesen / Nicht von den Menschen auf sie schließen*«.

Andere Tiere sind als wirkliche Tiere beschrieben und haben doch mehr zu bedeuten als den zoologischen Vorgang. So im Text über die Katze, die mit dem Angler vergeblich auf einen Fisch gehofft hat und ihn durch eine Beute-Ratte entschädigen möchte, ein schönes Gedicht über Freundschaft zwischen sehr unterschiedlichen Partnern.

Seine Bäume und Vögel meinen oft wirkliche Bäume und wirkliche Vögel. Aber da sich der Dichter gern mit ihnen identifiziert, sollte man nachschauen, ob nicht er sich hinter dem Federkleid oder der Rindenhülle versteckt.

4

Manche Dichter, die für Kinder schreiben, haben Furcht, sie könnten als lehrhaft verschrien werden. Doch bei Lernen und Lehren hat Dieter Mucke wenig Berührungsängste. Kunst kommt von Können. Auch wer zum Dichter begabt ist, muß viel lernen, um gute Gedichte schreiben zu können. Mucke hat sich zum Beispiel in der Psychologie, der Seelenkunde umgetan. Er hat einige Zeit lang studiert, wie man foto-grafiert und eine Filmkamera führt – das hat seine Beobachtungsgabe geschult und sicher dazu beigetragen, daß viele der Gedichte sehr bild-haft und szenisch wirken. Maler und Zeichner haben sich von seinen Texten zu phantasievollen Illustrationen anregen lassen.

Wenn ein Gedicht entsteht, sind meist mehrere Künste beteiligt. Neben dem Bildnerischen ist Musikalisches am Werk: Rhythmen, Rei-me, Klänge, die Melodik der Verse. Manche von Muckes Gedichten wurden von Komponisten zu Liedern vertont.

Dieser Dichter zeigt wenig Scheu, wenn er aus der Schule plaudert. Er rät dem Lehrer, die Kinder nicht anzuschreien. Es freut ihn, wenn freche Vögel einen langweiligen Lehrer einfach auspfeifen. Wenn er selber in Schulzeugnissen der Kinder sogenannte Kopfnoten verteilen müßte, wie es Lehrer in manchen Gegenden tun, dann täte er es sicher ungern für die Fächer Fleiß, Ordnung, Aufmerksamkeit, sondern lieber für Mut, Aufrichtigkeit, Selbstbewußtsein, Hilfsbereitschaft, Toleranz und Freundlichkeit, und nicht zuletzt für Originalität. Und sein Lieblingsschüler sähe vermutlich seinem **Schlampampel** sehr ähnlich.

Was ist schön? – darauf antworten seine Gedichte. Was ist gut und was ist schlimm – danach fragen die meisten von ihnen.

Dieter Mucke zieht in den Streit gegen viele Arten der Dummheit. Aber derer sind so viele, daß man niemals alle besiegen kann.

5

Seine poetischen Szenerien spiegeln uns keine heile Welt vor. Auf eine manchmal drastische Weise sind sie mit Wirklichkeit durchmischt – und dadurch geeignet, sich in die Realität einzumischen.

Von Gedichten des Dieter Mucke läßt sich sagen, was Bertolt Brecht von allen Künsten gewünscht hatte: nach Kräften tragen sie bei zur größten, zur Lebenskunst.

Hubert Witt

I
DER EINGEBILDETE HUND

II
UMGRABEN IM HERBST

III
WIE MAN EINEN BERG ÜBERLISTET

Der Autor dankt dem Land Sachsen-Anhalt und dem
Regierungspräsidium Halle für die Förderung

Die Deutsche Bibliothek – CIP-Einheitsaufnahme

Mucke, Dieter: Was flüstert der Wind mit dem Baum :
Gedichte für Kleine und Grosse / Dieter Mucke. Mit Ill. von Eva Natus-Šalamoun
und einem Nachw. von Hubert Witt. - Halle an der Saale : Stekovics, 2001
(Edition Steko ; Bd. 16)
ISBN 3-932863-61-5

Sechszehnter Band der *edition* STEKO

Die Illustrationen von Eva Natus-Šalamoun
für dieses Buch entstanden im Dezember 2000.
Die typographische Gestaltung
lag in den Händen von Andreas Richter.
Herausgeber der Reihe ist Roland Rittig.

Copyright, © 2001
Verlag Janos Stekovics
Halle an der Saale
ISBN 3-932863-61-5